Le Brahmasthanam

Un temple qui marquera son temps
Sri Mata Amritanandamayi

Mata Amritanandamayi Center, San Ramon
Californie, États-Unis

Le Brahmasthanam
Un temple qui marquera son temps
Sri Mata Amritanandamayi

Publié par :

Mata Amritanandamayi Center, P.O. Box 613,
San Ramon, CA 94583, États-Unis

————— *The Brahmastanam (French)* —————

Première édition par le Centre MA : septembre 2016

En France :

Ferme du Plessis
28190 Pontgouin
www.ammafrance.org

En Inde :

www.amritapuri.org
inform@amritapuri.org

Table des Matières

Préface

Le temple est en vérité le berceau de la culture indienne. Parmi les nombreux arts et sciences qui fleurirent dans ce pays grandiose, la plupart prirent naissance dans les temples et furent nourris, au cours des âges, par la culture issue des temples. Bien qu'il n'y eût pas de temples durant la période védique, le concept de temple prend sa source dans les Védas eux-mêmes.

Ô Seigneur, viens Te manifester dans cette statue, prends place en elle.
Que cette image devienne pour toi un corps.

—*Atharva Veda*

Vénérons, offrons notre obéissance, adorons et méditons sur la belle image de Vishnou au visage et aux yeux joyeux.

—*Taittiriya Samhita*

Les Védas contiennent un grand nombre de références analogues.

Même à notre époque moderne, où la pensée matérialiste règne en souveraine, l'influence qu'exerce le temple sur la vie personnelle et sociale des individus se poursuit sans entrave.

Amma dit que l'atmosphère du temple, imprégnée par la vibration des pensées tournées vers Dieu, apporte réconfort et paix à ceux qui étouffent dans la fournaise du monde des sens, pareil à un arbre offrant son ombre aux voyageurs fatigués de marcher sous les rayons brûlants du soleil. Comme un Gourou plein de compassion, comme une mère aimante, le temple apporte aide spirituelle et prospérité matérielle à l'individu et à la société dans son ensemble.

Le temple était à l'origine un instrument pratique permettant de réaliser la divinité immanente en chacun, et innombrables sont les grandes âmes nées dans ce pays pour qui le culte dans les temples a été le support de leur ascension vers la Réalisation du Soi. Amma dit que les temples et les images sacrées jouent un rôle extrêmement utile en aidant les gens dans leur progression vers la Réalisation de la Vérité suprême non-duelle, à la manière des images colorées que l'on montre aux enfants pour leur faire connaître le monde.

Les bâtiments du temple et les structures avoisinantes, de la tour du temple au saint des saints, représentent les corps matériel et subtils de l'être humain. La divinité du temple représente la Conscience Divine immanente de l'individu. Selon le Kularnava Tantra : « Deha devalaya prokto jivo deva Sadashiva », le corps est le temple ; le Soi individuel demeurant à l'intérieur (Jivatma) est le Suprême — Sadashiva. Amma dit en effet que le temple est un miroir, dans lequel nous pouvons nous contempler.

Le principe essentiel du culte pratiqué dans les temples peut se résumer ainsi : après avoir invoqué et intensifié le pouvoir divin par la récitation des mantras, par le souvenir de Dieu et autres sadhanas (pratiques spirituelles), le bhakta (dévot) consacre à Dieu son corps, composé des cinq éléments fondamentaux, et aussi son mental, son intellect, et son ego. Par cette offrande répétée, le dévot se transforme peu à peu en l'image même de Dieu.

Nous devons cependant remarquer qu'en raison d'une mauvaise compréhension des principes essentiels à la base du culte dans le temple, les temples d'aujourd'hui n'apportent pas à la croissance de l'individu et de la société une contribution aussi importante qu'ils le pourraient. Dans une certaine mesure,

en effet, la culture du temple que nous pratiquons aujourd'hui est décadente, à cause
d'un culte sans rapport avec les principes de
la spiritualité, à cause de poujas dénuées de
sincérité, et de festivités encourageant des
pensées et des comportements qui entraînent
les gens dans une direction opposée à celle
du but de la spiritualité. Nous traversons
malheureusement une époque où la dévotion
et le souvenir constant de Dieu se perdent.
De nos jours, les gens prient exclusivement
pour l'accomplissement de leurs désirs, et ils
oublient cette vérité : la dévotion désintéres-
sée et inébranlable à Dieu est source de tout
bien-être, tant spirituel que matériel. Comme
le dit Amma, au lieu de prema bhakti (la
dévotion pure), nous rencontrons générale-
ment aujourd'hui kamya bhakti (la dévotion
intéressée). C'est pourquoi le culte pratiqué
de nos jours dans les temples ne parvient

pas même à supprimer les souffrances du prarabdha (le fruit des actions passées, se manifestant dans le présent).

Les Temples Brahmasthanam

Pour remédier à cette situation, Amma a instauré le temple Brahmasthanam, un nouveau style de temple avec un nouveau mode de culte. Le but d'Amma est de faire disparaître la souffrance de la vie des gens, en favorisant un culte basé sur les principes essentiels de la spiritualité. Le culte dans le temple Brahmasthanam met l'accent sur l'importance de l'amour désintéressé pour Dieu, sur la valeur de l'accomplissement des cérémonies et des rituels par les dévots eux-mêmes, et sur le pouvoir particulier des yagnas en congrégation (cultes collectifs). L'établissement de ces nouveaux temples est le coup de clairon annonçant la renaissance de la grande culture des temples de l'Inde.

Le concept fondamental du temple Brahmasthanam a pour origine l'intuition divine d'Amma, qui cherchait un moyen d'enseigner aux gens un culte qui les conduirait vers l'état de Réalisation du Soi, plutôt que de les enchaîner irrémédiablement à l'adoration des images. Amma nous enseigne que le bien-être, aussi bien matériel que spirituel, sera accordé au bhakta dont l'adoration est dépourvue de désirs égoïstes. Elle nous enjoint également de nous efforcer de voir l'Un Divin en toutes formes. Chaque temple Brahmasthanam contient une pratishta originale (murti, ou image de Dieu), qui illustre graphiquement le principe de l'unité dans la diversité : une pierre dont chacun des quatre côtés présente une image différente du Divin. Les trois premiers côtés représentent respectivement les formes de Dévi, Shiva et Ganapathi, et sur le quatrième est sculpté l'image d'un serpent, représentant à la fois Muruga et Rahu. Avec l'instauration de ces pratishtas uniques, un nouveau chapitre de l'histoire du culte dans les temples est ouvert.

En plus du principe de l'unité dans la diversité, on peut également voir dans les quatre images le symbole des différentes étapes du chemin spirituel d'un aspirant. L'image de Dévi représente Parashakti, le pouvoir suprême de Dieu, dont la grâce nous a tout d'abord amenés sur le chemin spirituel. L'image de Shiva représente l'aspect non-duel du Suprême, qui purifie l'aspirant de ses péchés et lui accorde le renoncement et la discrimination. L'image du Seigneur Ganesh représente cet aspect de Dieu qui élimine les obstacles sur notre chemin, et le serpent représente la Kundalini Shakti, le pouvoir du serpent lové endormi dans le Muladhara chakra (le chakra « racine », à la base de la colonne vertébrale), qui s'éveille grâce aux pratiques spirituelles et s'élève finalement vers le sahasrara chakra (le chakra « couronne », au sommet du crâne) pour rejoindre l'Absolu, culminant dans la Réalisation de Soi.

En réponse aux doutes émis par certains milieux, se demandant si ce nouveau type de pratishta est corroboré par les Shastras (les Écritures), Amma donne dans ce livre une réponse détaillée. Amma met l'accent sur le fait que toutes les injonctions liées aux temples ont pour fondement le sankalpa (la résolution) des Mahatmas. Les Shastras ont été formulés à partir des expériences, des actes, et des paroles des Mahatmas. Le seul but des Mahatmas, qui sont véritablement des océans de compassion, est le bien-être et la prospérité de tous, et chacune de leurs actions tend vers ce but. Amma souligne également que c'est le sankalpa de l'Acharya (le précepteur) présidant à la consécration de la murti qui fait jaillir dans l'idole le rayonnement de la Conscience Brahmique omniprésente. La splendeur inégalée des consécrations des temples Brahmasthanam est due à l'immense pouvoir du sankalpa d'Amma.

De la même façon qu'un mantra peut être infusé dans un yantra de métal (un diagramme mystique), ou que le Gourou transmet son pouvoir spirituel au disciple, l'Acharya qui consacre la divinité du temple doit éveiller la Conscience Divine dans l'idole. C'est pourquoi seul celui qui maîtrise le prana cosmique (la force de vie) à l'intérieur comme à l'extérieur, est apte à accomplir le pranapratishta (cérémonie durant laquelle la force de vie est transmise à la divinité). Comme le dit

Amma : « Ceux qui consacrent des images doivent être au moins capables de contrôler leur propre prana. Ils doivent pouvoir imprégner l'image de pranashakti, et lui impartir le pouvoir spirituel. » L'étude de l'histoire des temples en Inde nous montre l'importance de cet enseignement. Dans les temps anciens, la consécration des temples était effectuée par des tapasvis (des ascètes). Le pouvoir de leurs accomplissements spirituels les rendait capables de transmettre la Conscience Divine à la pierre. Les murtis qu'ils installaient n'étaient pas de simples pierres, mais de lumineuses images au rayonnement divin, dont émane aujourd'hui encore un grand pouvoir d'attraction.

Les Samuha Grahadosha Santi poujas dans le Temple Brahmasthanam

Poujas collectives pour contrecarrer l'influence des planètes néfastes

Selon la doctrine du karma, chaque action accomplie engendre un double résultat. Le premier, immédiat et concret, est appelé drishta. Le second, subtil et latent, est appelé adrishta. L'adrishta demeure dans le corps subtil de l'auteur de l'action jusqu'au moment opportun où il se manifeste en une expérience heureuse ou déplaisante dans la vie de cette personne. L'adrishta des bonnes actions accomplies dans le passé se manifeste en expériences heureuses, et l'adrishta des actions malfaisantes se manifeste en expériences douloureuses. Les astrologues ont observé que, dans la plupart des cas, des expériences aussi douloureuses qu'une mort accidentelle, des obstacles financiers, des problèmes de couple ou autres difficultés de l'existence, surviennent dans la vie d'une personne principalement durant les périodes de transit et de conjonction des planètes Sani (Saturne), Rahu (planète fragmentaire), et Chovva (Mars), dans son thème astrologique.

Amma a dédié Sa vie à l'éradication des souffrances de l'humanité, et a personnellement écouté les plaintes de millions de personnes au cours de ces deux dernières décennies. En cherchant une solution aux souffrances des êtres humains, Amma eut une vision divine du temple Brahmasthanam et d'un nouveau mode de culte spécifiquement conçu pour contrecarrer les influences néfastes de Sani, Rahu et Chovva. Amma expérimenta l'aspect pratique de cette nouvelle forme de culte en étudiant les

expériences de milliers de gens venus cher-
cher Son conseil. Ceux qui accomplirent les
rituels et les poujas qu'Elle leur avait recom-
mandés obtinrent chaque fois d'excellents
résultats, réussissant à éviter les malheurs
prédits par leur horoscope. Par contre, la
majorité de ceux qui n'accomplirent pas les
rituels prescrits furent la proie des souffrances
prévues. Ainsi, après S'être assurée de l'effica-
cité de ces poujas nouvelles, Amma fonda le
premier temple Brahmasthanam, à Kodun-
gallur, en avril 1988, où eurent lieu pour la
première fois des poujas collectives, qui sont
maintenant partie intégrante du programme
de chaque temple Brahmasthanam.

Amma nous enseigne que les cérémonies
de culte accomplies par un large groupe sont
maintes fois plus puissantes que le culte
individuel. Un autre aspect important de
ces poujas est qu'il est demandé au dévot

d'accomplir la pouja lui-même, plutôt que de laisser un prêtre le faire pour lui. Même si nous ne traversons pas une période d'influence planétaire néfaste, ces poujas se révèlent très bénéfiques, et nous apportent une élévation tant matérielle que spirituelle.

En plus des poujas collectives, des poujas quotidiennes sont conduites par les prêtres du temple en accord avec les injonctions des Shastras. Il est important de noter que le culte dans les temples Brahmasthanam est accompli par les brahmacharis d'Amma, des sadhaks sincères qui s'efforcent avec ardeur de progresser vers la Réalisation de Dieu et dédient leur vie au bien-être de l'humanité.

Des milliers de dévots ont vu leur vie s'améliorer et se transformer grâce à leur participation à ces poujas. De fait, les rapports ne cessent d'affluer, attestant des expériences divines vécues par des gens miraculeusement rescapés d'un accident, guéris d'une maladie chronique, trouvant une solution à un problème de finances ou de couple, bénis par la naissance inespérée d'un enfant, obtenant un emploi, et autres bénédictions personnelles.

Les festivals annuels des Temples Brahmasthanam

Le but des festivals dans les temples est de réunir un grand nombre de dévots qui se concentrent exclusivement sur Dieu, pour pouvoir ainsi focaliser et accroître la puissance du culte, accorder une plus grande élévation spirituelle aux participants, et répandre également des vibrations divines sur la région. De nos jours, pourtant, les célébrations que nous voyons en général dans les temples ne créent que des vibrations profanes ; les fonds réunis par le temple sont gaspillés dans des manifestations artistiques inadéquates, corrompant ainsi davantage la culture. Ces festivals ont conduit à une détérioration du pouvoir spirituel dans les temples. Pour contrecarrer cette tendance, Amma a lancé un nouveau type de festival dans les temples Brahmasthanam, réunissant un grand nombre de gens pour prier Dieu et chanter les Noms Divins. Ainsi, le goût pour une sadhana (ensemble de pratiques spirituelles) est encouragé chez les participants, et l'atmosphère du temple et de la région se charge des vibrations des mantras divins. Amma nous donne également à tous le meilleur exemple, en insistant pour que l'argent gagné par le temple soit utilisé exclusivement pour des activités caritatives et des projets favorisant une véritable culture spirituelle.

Amma a maintenant établi des temples Brahmasthanam dans de nombreuses localités de l'Inde, à New Delhi, Bombay,

Madras, Madurai, Poona, Trivandrum et Kozhikode (Calicut). Bien que ce pays regorge de temples, ceux qui, comme les temples Brahmasthanam, ont été consacrés par un Mahatma et fréquemment bénis par Sa présence, sont extrêmement rares. Depuis la première consécration à Kodungallur, ces temples se sont révélés être des phares dans les ténèbres de la souffrance et de l'ignorance humaines, et attirent des milliers de dévots de tous milieux et de toutes croyances.

Avec la consécration des Brahmasthanams, Amma a atteint d'un coup plusieurs nobles buts. En instituant une réforme scientifique du culte dans les temples, qui constitue une partie intégrante de la culture indienne, Amma a ouvert la voie de l'élévation matérielle et spirituelle de millions de personnes. Elle a insufflé une vie nouvelle dans la culture spirituelle de l'Inde, a apporté un soulagement aux souffrances d'innombrables individus, et offert aux dévots la possibilité de s'abreuver du nectar de la béatitude spirituelle grâce à un culte basé sur les véritables principes de la spiritualité.

Ce petit livre d'Amma, qui apporte des réponses rationnelles et pratiques à de nombreuses questions concernant les temples Brahmasthanam et le culte dans les temples, éclairera et guidera sans aucun doute ceux qui désirent comprendre les principes réels du culte dans les temples, et s'élancer ainsi plus avant sur le chemin de la Réalisation de Soi.

—L'éditeur

Le Temple Brahmasthanam

Une nouvelle sorte de temple pour atténuer les souffrances du prarabdha

Mes enfants, ceux qui ont atteint l'état de non-dualité (advaïta avastha) peuvent affirmer : « Personne ne naît, et personne ne meurt », car ils ont transcendé la conscience du corps et ont donc l'expérience directe que le Soi ne naît pas et ne meurt pas. Mais cet état est-il commun à tous ? La plupart des gens ne sont-ils pas immergés dans la conscience du corps ? Le mental de ceux qui vivent sur le plan du monde matériel est très faible. Ils ne savent pas que leur véritable Soi est parfait. C'est pour cela qu'ils sont liés par leur interaction avec le monde et qu'ils vivent dans la souffrance. Si vous leur dites : « Vous

n'êtes ni le corps, ni le mental, ni l'intellect »,
et autres vérités de l'Advaïta (la philosophie
de la non-dualité), ils trouveront difficiles de
transcrire ces enseignements dans leur vie, et
d'aller de l'avant. Ceux qui vivent sur le plan
matériel ne peuvent facilement faire l'expérience de la réalité derrière les mots. Ils auront
sans doute foi en la vérité de la non-dualité
mais, immergés comme ils le sont dans la
vie matérielle, ils ne seront pas capables de la
traduire immédiatement en expérience réelle
dans leur vie. Mes enfants, l'Advaïta est la
vérité. Toutefois, la voie de la non-dualité
ne doit être préconisée qu'en fonction de la
réceptivité du mental de l'individu. Il est
inutile de dire à un enfant qui pleure parce
qu'il a mal au doigt : « Ne pleure pas. Tu
n'es pas le corps. » Il continuera de pleurer
à cause de la douleur. Mais la blessure ne
guérira pas simplement avec des larmes. Pour

que la blessure guérisse, un médicament est nécessaire. La spiritualité est ce médicament.

En général, les gens ordinaires vivent dans la conscience du corps. C'est pourquoi ils connaissent tant de souffrances dans leur vie. Selon le moment où il naît, chaque individu doit traverser certains dasasandhis néfastes. Durant ces périodes astrologiques, chacun doit éprouver les souffrances résultant des actions accomplies dans ses vies passées. Amma a rencontré plus de dix millions de personnes traversant de telles périodes. Même ceux qui possèdent des bateaux et des avions viennent voir Amma, en quête de la paix mentale. Chacun a sa triste histoire à raconter. Amma connaît les souffrances qu'ils ont subies au cours de chaque dasasandhi. Un des principaux buts des temples Brahmasthanam est d'offrir un soulagement à tous ceux qui connaissent les souffrances du prarabdha.

Le temple Brahmasthanam a également un autre but important. De nos jours, combien de personnes dans ce pays ont véritablement foi en Dieu ? Il est rare de trouver chez les gens une réelle dévotion pour le temple. Beaucoup tentent plutôt de détruire les temples. Pourtant, si les vérités divines sont expliquées de façon rationnelle, la foi et la dévotion grandiront. En enseignant aux gens l'essence de la spiritualité, vous pouvez provoquer chez eux un changement profond. Alors, quand ils auront compris le but de la vie et la pratique correcte du culte, ils seront prêts à s'embarquer pour leur voyage. Telle est l'éducation spirituelle qu'Amma envisage en établissant ces temples. »

Le message du Brahmasthanam Pratishta : « L'unité dans la diversité — La diversité dans l'unité »

« Mes enfants, si vous jetez divers objets au feu, ne seront-ils pas tous transformés en une substance unique appelée cendre ? De même, dans le feu de la connaissance véritable, la diversité réduite en cendre révèle l'unité sous-jacente. Apprenons à percevoir l'unité derrière les nombreux visages du monde. Le Pouvoir Divin immanent est le même partout. Lorsque nous voyons une personne avec des yeux, un nez, des mains et des jambes, nous ne la percevons pas comme étant ces organes et ces membres, mais comme une personne entière, dont la forme inclut toutes ces parties. Nous devrions ainsi apprendre à voir que, bien que chaque corps soit une entité séparée, le Soi Divin qui fonctionne en tous est unique et identique. Les pratishtas dans le temple Brahmasthanam sont enracinés dans ce même concept.

Brahmasthanam signifie littéralement : « La Demeure de Brahman (l'Absolu). » Certains diront : «Brahman n'est-Il pas la Conscience omniprésente ? Comment la Conscience omniprésente peut-Elle avoir une demeure ? » La réponse est la suivante : « Y a-t-il un endroit qui ne soit pas la demeure de la Conscience omniprésente? Tout est la demeure de l'Absolu. » C'est pour éveiller cette compréhension chez les gens que ces temples ont reçu le nom de Brahmasthanam. Les gens éprouvent d'ordinaire de la difficulté à appréhender le principe de l'Absolu. Pour les aider à comprendre que Brahman est la Réalité unique sous-jacente à tous les noms et toutes les formes, une pratishta a été consacrée dans le temple Brahmasthanam : les images de quatre divinités ont été sculptées dans une seule pierre à quatre côtés.

Quand un fragment de roche a été taillé dans la montagne, sculpté en forme de la Mère Divine et installé à Attukal, il est devenu « Attukal Dévi ». Une roche similaire placée à Kodungallur est devenue « Kodun-gallur Amma ». Dans un autre endroit, la même roche est devenue Shiva. La roche est la même, n'est-ce pas ? La conception humaine n'est-elle pas la seule différence entre ces pierres ? Alors que peut-il y avoir de mal à sculpter quatre images dans une seule pierre ? Certains disent : « N'est-ce pas contraire aux Shastras (Écritures) de sculpter quatre divinités dans une seule pierre ? Il n'y a rien de semblable dans le Tantra Vidya (science du culte dans le temple). » Le fait est que le Tantra Vidya est différent dans certains endroits, et que des compléments y sont apportées en fonction des besoins de l'époque. Après tout, de quand datent les Shastras ? N'ont-ils pas vu le jour à toute époque ? Et que sont les Shastras sinon l'exposé des enseignements et des expériences des Mahatmas (maîtres spirituels) ?

Dans les temps anciens, il n'y avait pas de temple. Le cœur lui-même était le temple. Leur origine est assez récente. À chaque âge, les Mahatmas conçurent divers types de pratishtas et divers modes de culte pour guider les gens et les aider à progresser selon leurs différentes natures.

Mes enfants, ne voyons-nous pas Shiva et Shakti comme étant un ? Alors pourquoi ne pourrions-nous pas concevoir quatre divinités comme si elles étaient une ? Nous trouvons quelquefois différents temples construits sur les versants d'un énorme rocher. À un certain endroit, une image de

Shiva est sculptée dans le rocher ; à un autre, Ganapathi. Les images de différentes divinités sont sculptées dans la même roche et pourtant, nous les voyons comme étant différentes, en fonction de notre imagination. Les divinités ont différentes formes, mais nous devons comprendre que dans leur essence, elles sont unes. C'est ce qui est enseigné ici. Nous devons voir les quatre divinités du pratishta du temple Brahmasthanam comme les différents visages de l'Un. Le message de cette image est ainsi : « Voyez l'Un dans le multiple, et le multiple dans l'Un. »

On peut allumer n'importe quel nombre d'ampoules en activant un seul interrupteur. Dans les pratishtas du Brahmasthanam, quatre « lumières » ont été connectées à un interrupteur. Un seul sankalpa a infusé l'énergie de vie dans quatre divinités. L'énergie est une, alors pourquoi les quatre divinités devraient-elles être installées dans quatre endroits différents ? Des installations séparées ne nécessiteraient-elles pas quatre fois plus d'espace ? C'est pourquoi les quatre sont sculptées dans une même pierre. L'imagination du mental n'est-elle pas ici plus importante que les détails de structure de la pratishta ?

Mes enfants, Dieu n'est pas confiné à une idole. Il existe dans notre cœur. Nous regardons dans un miroir pour nous essuyer la poussière du visage, mais nous ne sommes pas dans le miroir. La divinité du temple doit être vue comme un reflet de notre propre Soi, de la conscience. Dieu est partout, mais pour purifier notre mental, il faut un support. Il faut développer notre bhavana (imagination, ou conception) de Dieu. C'est le but des images sacrées. Certaines personnes n'adorent-elles pas une montagne sacrée comme étant Dieu? Ce qui compte est le sankalpa de chacun. Le pratishta dans le temple Brahmasthanam reflète le sankalpa d'Amma.

Le principe derrière l'image

Sur le pratishta du temple Brahmasthanam, les images de Shiva, Dévi, Ganapathi et Nagam (le serpent) ont été sculptées sur les quatre côtés de la pierre. Les divinités principales ici sont Shiva et Shakti, et le pratishta dans son ensemble représente la famille Shiva-Shakti. Il est également le symbole du principe de la Nature primordiale, Mulaprakriti. L'univers entier y est contenu. Shiva représente l'aspect de Brahman qui nous nettoie de toute impureté. Seul Brahman peut nous laver de nos impuretés. Dans l'histoire des Puranas, c'est Shiva qui prend les prarabdhas des autres et les avale. Shiva est le filtre divin qui reçoit les prarabdhas et les impuretés des êtres, et les purifie. Toutefois, les impuretés que Shiva dissout en Lui-même ne l'affectent jamais d'aucune manière. Il pourrait sauver le monde entier.

Une autre partie du sankalpa, ici, est celle de Ganapathi. Ganapathi est cet aspect de Dieu qui élimine les obstacles de notre chemin spirituel. Naga représente Muruga ; le sankalpa de Rahu est également présent. De plus, Nagam symbolise la Kundalini, ou Muladhara Shakti (le pouvoir de la Mère Divine dormant dans le chakra racine de l'aspirant). Le principe derrière cette image est que la Kundalini s'éveille, s'élève le long de la colonne vertébrale sous la forme d'un serpent et lorsque tous les obstacles ont été enlevés, s'unit finalement à l'aspect Shiva du Divin — l'aspect Brahman. Ainsi, l'image symbolise la voie qui conduit à l'union du

Jivatman (l'âme individuelle) avec le Paramatman (le Suprême).

L'intention d'Amma n'est pas d'enchaîner les gens au culte des idoles. Le but d'Amma est qu'ils réalisent le Soi. Ce type d'idole a été consacré pour enseigner aux gens que les diverses formes de l'univers sont en réalité les diverses facettes de l'Un. La compréhension de cette vérité est essentielle pour celui qui cherche à réaliser le Suprême, et joue un rôle important dans l'accomplissement correct des rites. On ne peut élever les êtres qu'en les prenant au niveau où ils se trouvent. Nous devons nous mettre à leur niveau : alors seulement, nous pourrons les conduire plus loin sur le chemin spirituel. Nous agissons en fonction des besoins des gens d'aujourd'hui, c'est tout.

Mes enfants, la farine est une matière première. Certains aiment la consommer sous forme de gâteau cuit à la vapeur, d'autres en crêpe, et d'autres encore préféreront une autre forme. Dieu aussi est Un ; pourtant chaque individu chérit une forme particulière de la divinité. Certains aiment Shiva, d'autres préfèrent Dévi, d'autres encore sont attirés par Krishna ou Rama. Laissons chacun voir sa propre Ishta Devata (divinité bien-aimée) dans cette pratishta, et accomplissons le culte avec l'attitude qu'il y a un seul Dieu, qui embrasse et imprègne tout, à la base de tous noms et de toutes formes.

Aller au temple ne suffit pas. Une sadhana est également nécessaire

Dieu est bon et plein de compassion. Mais nous n'en avons l'expérience que si notre mental est en harmonie avec le Divin. Même si nous avons une lampe électrique dans notre maison, nous n'en recevrons la lumière que si nous appuyons sur l'interrupteur. Dans la société d'aujourd'hui, les gens, lorsqu'ils vont au temple, offrent leurs hommages en joignant les mains, prient pour la réalisation de leurs désirs, donnent quelque monnaie en offrande, puis s'en vont. Mes enfants, nous ne devons pas nous contenter d'offrir un peu d'argent et de partir. Nous pénétrons dans le temple la tête pleine de mille soucis domestiques, nous restons là debout et présentons nos problèmes, mais la pensée de Dieu ne nous effleure pas même une seconde. Après avoir débité la liste de nos misères, nous pensons à nos chaussures restées dehors, craignant qu'elles ne nous soient volées, puis notre mental se précipite vers le car du retour. Nous sommes là, debout, dans un temple, et ne pensons pas une seule seconde à Dieu.

Mes enfants, vous n'avez pas besoin de raconter vos problèmes de famille à Dieu.

Lorsque vous êtes dans un temple, pensez à Dieu seul. Nous devons tout dire au docteur pour qu'il puisse traiter notre maladie, ou à l'avocat pour qu'il défende correctement notre cause lors d'un procès. Mais nous n'avons rien besoin de dire à Dieu. Il connaît déjà notre pensée. Essayez de réciter le nom de Dieu (namajapa) pendant la durée de votre visite au temple. C'est la seule façon de la rendre fructueuse.

Donner de l'argent au temple ne suffit pas. Cela ne veut pas dire qu'il ne faut pas en donner. La charité est essentielle. En accomplissant des actes nobles et en nous abstenant de toute bassesse, nous cultivons la pureté de notre mental. Cela ressemble à la préparation d'un champ pour les semailles. Nous arrachons d'abord les mauvaises herbes, mais si nous voulons une bonne récolte, nous devons semer de nombreuses graines et travailler dur. Le mental est purifié par nishkama karma (les actions accomplies sans en désirer le fruit), mais ce mental pur ne progressera que si nous pratiquons une sadhana. Nous devons tourner notre mental vers Dieu, dans la prière, si nous souhaitons que nos actions désintéressées nous soient véritablement bénéfiques. Lorsque nous agissons avec droiture, notre mental devient vaste. Mais si nous voulons que le pouvoir spirituel présent en nous se développe correctement, nous devons également suivre une sadhana. Il ne suffit pas d'aller au temple, de joindre les mains puis de partir. Nous devons avoir la patience de rester là dix minutes et de chanter le nom de Dieu. Seuls ceux qui sont prêts à le faire en retireront un bénéfice. Aujourd'hui, même si nous allons au temple, nous n'avons pas de patience. Nous pensons à retourner à la maison dès que possible. Mes enfants, lorsque vous vous rendez au temple, méditez avec concentration pendant au moins dix minutes dans cette atmosphère. Et ayez de la compassion pour les pauvres et ceux qui souffrent : cela vous aidera à cultiver un mental harmonieux. Sans cela, nous n'atteindrons jamais le but que nous poursuivons.

Lorsque vous vous rendez au temple, le temps que vous y passez sera vraiment bénéfique s'il est consacré au japa (récitation du nom de Dieu) et à dhyana (méditation). Toutefois quand vous allez dans un gurukula (la demeure d'un Gourou), vous bénéficierez du temps que vous y passez même sans fournir trop d'efforts, par la grâce du Gourou et le pouvoir de son tapas (austérités). Le Gourou est un tapasvi (un être totalement absorbé en Dieu). De même que la tortue fait éclore ses œufs par le pouvoir de sa pensée, par le simple fait que le Gourou pense à nos bonnes actions, Sa Grâce s'écoulera vers nous et nous élèvera. Un tapasvi véritable peut complètement altérer notre structure karmique, s'il le désire. Pourtant il ne le fait pas, en général, car c'est en partie à travers l'expérience des conséquences de nos actions passées que nous apprenons et progressons.

Les Mahatmas sont la source d'un pouvoir extraordinaire, et ils ont la capacité de transmettre leur Grâce aux autres. En ce qui concerne le temple, par contre, la nécessité première pour notre progrès est notre propre effort. Dans un gurukulas, en obéissant aux paroles du Gourou, nous nous rendons dignes de recevoir Sa Grâce. Mais dans le temple, le Gourou n'est pas là pour transmettre le pouvoir spirituel. Nous devons trouver en nous-mêmes la force, par le japa et la méditation. Les pujaris (les prêtres) dans les temples ne méritent pas en général le nom de tapasvis. La plupart d'entre eux accomplissent les poujas pour leur subsistance. Nombre d'entre eux ont une femme et des enfants dont ils doivent prendre soin, et pour cela, ils ont besoin d'argent. Faire une pouja est seulement un moyen de subvenir aux besoins de leur famille. Ils ne conduisent pas les poujas par pur amour pour Dieu, après avoir renoncé et oublié tout le reste. Si c'était le cas, il y aurait en eux un grand pouvoir spirituel. C'est juste de donner une dakshina (don) pour leur apporter un soutien. Mais n'imaginons pas qu'ils peuvent nous sauver. Non pas que ce soient des prêtres sans shraddha (foi) ni bhakti (dévotion). Ils en ont certainement. Mais ceux qui accomplissent une pouja pour subvenir aux besoins de leur famille sont eux-mêmes enchaînés. Ils ne peuvent sauver les autres de l'esclavage ou de la souffrance. Un bateau ancré ne peut pas remorquer un autre bateau ancré pour traverser l'océan.

Les tapasvis sont différents. Leur mental est libre de toute attache et le pouvoir de leur tapas peut sauver les autres. Mais pour être capables de recevoir pleinement leur Grâce, nous devons nous en rendre dignes. Nous devons obéir à leurs instructions et avoir foi en eux et en leurs paroles. Nos actions doivent être bienfaisantes et justes. C'est quand ils voient la bonté de notre mental qu'ils nous accordent leur bénédiction. Quand ils verront nos bonnes actions et notre désir de Dieu, ils feront pleuvoir sur nous leur Grâce.

Toutefois, si c'est d'un temple que vous dépendez, la seule façon de progresser est à l'aide d'une sadhana. Quand vous allez au temple, vous devez avoir la patience de vous souvenir de Dieu quelques instants et de méditer ou de chanter un mantra. La sadhana apportera un changement positif dans votre vie. Bien entendu, vous devez l'accomplir correctement. Nous avons entendu parler de nombreux maux guéris après que les gens soient allés au temple Guruvayur pour y pratiquer des austérités. Ces choses se produisent parce que ces gens ont prié sans cesse et avec sincérité. Certains disent : « Nous sommes aussi allés à Guruvayur et nous avons prié. Nous sommes allés à Chottanikkara et nous avons prié. Mais rien n'est arrivé. » Mes enfants, même si l'électricité est produite en abondance, le ventilateur ne tournera pas si vous n'appuyez pas sur l'interrupteur. Si vous ne tournez pas le bouton, ne vous plaignez pas qu'il n'y ait pas d'électricité. Si vous désirez recevoir les bienfaits d'un pèlerinage, vous devez accomplir plus qu'un simple voyage ; vous devez suivre une sadhana et vous souvenir de Dieu avec une intense concentration. Ces malades ont guéri de leurs maux parce qu'ils priaient constamment Guruvayurappan (la divinité du temple de Guruvayur), se passant même de sommeil. Aujourd'hui, les gens qui partent en pèlerinage louent une chambre dans un hôtel de luxe, se baignent et se prélassent allongés sur l'herbe, se racontant des histoires en famille. Cela ne sert à rien du tout. Et quand ils n'obtiennent pas ce qu'ils désirent, ils en blâment Dieu.

Mes enfants, imaginez quelqu'un conduisant une voiture après s'être enivré. Il perd le contrôle du véhicule et renverse un passant marchant sur le bord de la route. Cette personne meurt. Une plainte est déposée et la police arrive pour emmener notre chauffeur en prison. Ne serait-il pas alors insensé de la part du chauffeur de dire : « Ce n'est pas de ma faute ! Cet accident est arrivé à cause de la mauvaise qualité du pétrole » ? C'est la même chose que blâmer Dieu pour des fautes que nous commettons par négligence. Avec le feu, vous pouvez brûler le toit de votre maison, ou cuire le souper. Il ne tient qu'à nous de l'utiliser correctement. Si vous jetez par mégarde une braise brûlante sur le toit et que le toit prend feu, faut-il en blâmer le feu en disant que la nature du feu est de tout détruire ? Sa fonction dépend de la manière dont nous l'utilisons.

Lorsque vous allez au temple, vous devez éprouver un sentiment d'abandon. Oubliant vos préoccupations domestiques, utilisez le temps disponible pour vous souvenir de Dieu. Nous devons apprendre à nous soumettre entièrement à Lui, car Il est notre seule protection et notre seul guide. Il est important de comprendre cela. Imaginez une personne appelant d'une terrasse une autre personne placée plus bas : « Je descends. Nous allons partir ensemble. » En dépit de son assurance, ne peut-il pas tomber mort avant de parvenir au rez-de-chaussée ? Si cela se produit, où se trouve le « je » qui disait « je descends » ? Nous ne pouvons compter que sur Dieu. Lui seul nous amène ici, et Lui seul peut nous sauver. Essayons d'en être conscients lorsque nous allons au temple, dans la demeure de Dieu. Nous devons nous y rendre avec un sentiment d'abandon total, sans penser au moment du retour à la maison. Une fois dans le temple, consacrez au moins dix minutes à méditer en silence.

Les malheurs dus aux dasasandhis néfastes et leurs remèdes

En général, les maladies, les perturbations émotionnelles, les problèmes de couple, les morts accidentelles, et autres catastrophes semblables, se produisent au moment des conjonctions maléfiques de planètes telles que Mars, Saturne et Rahu dans un thème astrologique. Au fil des années, Amma a rencontré un nombre incalculable de personnes affligées de semblables misères, et Elle a souvent ressenti une peine profonde à la vue de leurs souffrances. Amma a donné à ceux qui viennent à Elle certains conseils ayant pour but d'alléger leurs tourments. Ceux qui les suivirent en reçurent un bénéfice immédiat. De même, les poujas spéciales dans les temples Brahmasthanam sont conçues pour aider ceux qui sont en proie à de telles calamités.

Parmi les gens qui traversent une période de dasasandhi néfaste, nombreux sont ceux qui verront un point sombre apparaître sur leur nez. Quand cela se produit, un accident

ou une mort subite dans la famille est pro-
bable, affectant le mari, la femme, un enfant,
un parent proche, ou la personne elle-même.
Ils contracteront parfois une maladie mor-
telle. Beaucoup essaient d'enlever le point
noir à l'aide de médicaments, mais il restera
souvent jusqu'à douze ou treize ans, et parfois
davantage. Quatre-vingt dix-neuf pour cent
de ces gens ont des accidents. Toutefois, le
changement de couleur de la peau peut ne
pas se produire dans certains cas. Amma a
rencontré de nombreuses personnes traversant des épreuves de dasasandhi sans l'indice
du point sombre.

Mes enfants, ces calamités ne disparaî-
tront que si nous prenons refuge en Dieu
d'une façon adéquate. Les événements mal-
heureux de la destinée peuvent être évités à
l'aide de japa et dhyana (la méditation). Avec
le sabre de la dévotion vous pouvez trancher

les liens qui vous enchaînent. Avant la construction du premier temple Brahmasthanam, quand des gens traversant une période de dasasandhi néfaste venaient voir Amma, Elle leur donnait un mantra de leur Ishta Devata (divinité d'élection) et leur conseillait de le répéter. Elle leur demandait de méditer sur leur Ishta Devata et d'accomplir des actes désintéressés. Amma connaît un grand nombre de cas où des expériences bénéfiques en résultèrent, et où des circonstances funestes purent être évitées. Toutefois, ils devaient souffrir un peu. Si un cocotier était destiné à tomber sur quelqu'un, une petite noix tombait à sa place. À la place d'une personne, un animal domestique mourait. Telle pouvait être la différence. Mais même si quelque chose d'insignifiant était perdu, une autre chose très importante était gagnée par ce processus.

Il faut endurer un peu de prarabdha. Mais grâce aux prières, au japa et à dhyana, la souffrance peut être considérablement réduite. À ce jour, Amma a prêté attention aux problèmes d'un grand nombre de gens. Deux personnes nées sous la même étoile et au même moment vinrent voir Amma. Un accident avait été prédit dans chacun des deux horoscopes. Amma donna à toutes deux un mantra, leur demanda d'accomplir certaines austérités et de faire continuellement le japa. Amma leur dit qu'Elle prendrait une résolution. L'un d'entre eux ne suivit pas les conseils d'Amma et eut à subir l'accident prévu par l'horoscope. Le second fit convenablement le japa et dhyana et dans son cas, l'accident put être évité. Cela montre qu'il est tout à fait possible de se libérer du prarabdha au moyen de japa et dhyana. Pourtant, nous devons souffrir une petite portion du prarabdha. Le Purana dit que le Seigneur Shiva lui-même, lorsqu'Il s'incarna dans une forme humaine, eut à subir un peu de prarabdha.

Quand le corps subit une opération, cela lui fait certainement mal. Mais si le patient est sous anesthésie, il ne sera pas conscient de la douleur. Que le patient soit anesthésié ou non, le corps doit être opéré, mais si le patient est sous anesthésie, l'expérience de la douleur lui sera épargnée. De même, nous aurons à souffrir jusqu'à un certain point de nos actions passées, mais si nous nous confions à Dieu, nous serons libérés de la souffrance dont nous aurions dû, sinon, faire l'expérience. Lorsque nous nous abandonnons à Dieu, il est possible que le prarabdha continue d'aller et venir, mais il ne nous affecte pas.

Amma a observé les changements positifs

survenant chez ceux qui accomplissaient les anushthana (austérités) comme Amma les en avait instruits, et aussi les malheurs accablant ceux qui ne le faisaient pas. Après cela, Amma a décidé de construire des temples avec des facilités spéciales pour certains kriyas (rites). Ne trouve-t-on pas dans les Puranas des histoires montrant comment des gens destinés à souffrir différents prarabdhas évitèrent ces souffrances en louant Dieu ? Toutefois, nous n'y parviendrons qu'en accomplissant des austérités véritables. Japa et dhyana accomplis avec concentration peuvent certainement apporter un changement dans les prarabdhas.

Une aura enveloppe notre corps. Lorsque nous sommes sous l'influence de planètes maléfiques, cette aura s'assombrit. Ceux qui traversent de telles périodes ont l'impression d'aller à tâtons dans le noir. Ils sont incapables

de penser ou de travailler correctement. Leur simple présence dérange les autres. Toutefois, s'ils participent aux Grahadosha nivarana pujas conçues pour annihiler l'influence des planètes néfastes, et accomplissent leur mantra japa (répétition constante du mantra) avec concentration, leur aura deviendra transparente et dorée. Ils pourront alors travailler sans peine et communiquer avec les autres dans l'amour et l'harmonie.

Les actions présentes peuvent certainement contrecarrer l'effet des actions passées. Une pierre jetée en l'air est normalement destinée à retomber par terre, mais ne peut-on pas la rattraper au vol ? De même, si vous vous abandonnez à Dieu et fournissez l'effort nécessaire, vous pouvez éviter les souffrances du prarabdha.

Les poujas collectives pour neutraliser l'influence des planètes néfastes

Les personnes dont la souffrance est due à l'influence de conjonctions planétaires néfastes peuvent prendre part aux poujas collectives pour neutraliser ces influences. Ces poujas ont lieu chaque semaine dans les temples Brahmasthanam. Les participants doivent s'asseoir et accomplir la pouja eux-mêmes. Des poujas ont lieu dans chaque temple pour remédier aux effets néfastes des planètes : le vendredi soir pour remédier aux effets de Chovva ; le samedi matin pour ceux de Rahu ; et le samedi soir pour ceux de Sani. Ce sont les principales poujas collectives organisées dans les temples. Le deuxième samedi de chaque mois, les dévots peuvent également participer à Udayasthamana Archana (récitation du Lalita Sahasranama de l'aube au crépuscule). Lorsque les dévots viennent pour la pouja, des instructions détaillées leur sont données sur ce qu'ils doivent faire et la manière de procéder.

Les autres jours, ils peuvent venir accomplir leur sadhana et offrir leur obéissance à la divinité. Des instructions générales concernant le mantra à utiliser ne peuvent être données ; les mantras sont donnés individuellement, en fonction des qualités et du caractère des dévots. Même s'ils n'ont pas reçu de mantra, les gens peuvent venir s'asseoir pour méditer. S'ils le désirent, ils peuvent casser une noix de coco en offrande à Ganesh. Les poujas des Navagrahangal (Neuf Planètes) destinées à mettre fin à nos souffrances sont elles aussi efficaces.

La meilleure forme d'adoration est toutefois de méditer constamment sur notre Ishta Devata, la forme de Dieu qui nous est la plus chère. N'est-Il pas le Créateur de tout l'univers et Celui qui contrôle les planètes ? Si nous désirons atteindre l'autre rivage, nous devons prendre un bateau solide. Par contre, si nous embarquons dans un bateau endommagé, l'eau s'y engouffrera et notre bateau coulera. Gardant cela présent à l'esprit, Amma a conçu le pratishta du temple de façon à ce que les gens puissent appréhender l'Être Suprême, fondement de tous noms et de toutes formes.

Accomplissez de préférence les poujas vous-mêmes

La chose la plus importante pour les poujas collectives est que la personne accomplisse elle-même la pouja, à la façon dont les cérémonies Pithrubali (offrandes aux ancêtres) sont conduites. Le temple est un lieu où les dévots peuvent entrer en relation directe avec Dieu dans une atmosphère de concentration.

Dans les temples Brahmasthanam, les prêtres accomplissent les rites d'adoration quotidiens ; toutefois, les dévots qui viennent y assister doivent participer eux-mêmes aux poujas, en suivant les instructions qui leur sont données. Ces poujas sont une forme de méditation. Elles ne seront bénéfiques que si elles sont accomplies avec concentration.

Si vous voulez écouter de la musique à la radio, vous devez allumer le poste puis trouver la station que vous désirez écouter. La station diffuse continuellement des programmes. Si vous n'entendez pas de musique, n'en blâmez pas la radio. Quand la radio sera sur la bonne station, vous entendrez certainement de la musique. De la même façon, même quand un prêtre accomplit la pouja, nous devons nous aussi accorder notre mental sur Dieu pour recevoir pleinement Sa Grâce, en accomplissant nous-mêmes la pouja, le japa et dhyana.

Mes enfants, si vous ouvrez le robinet mais gardez votre seau renversé, l'eau ne pourra pas le remplir : elle coulera tout simplement par terre. Si votre seau est à l'endroit mais rempli de boue, là non plus vous ne le remplirez pas d'eau ; elle débordera et sera gaspillée. Notre mental est comme le seau. Il est normalement tourné à l'envers, loin de Dieu. C'est ahamkara (l'ego) qui renverse le seau et nous empêche de recevoir la Grâce de Dieu. Parfois, le seau de notre mental est rempli de la boue de la colère, de la jalousie et de l'égoïsme. Il ne reste plus de place pour que la Grâce de Dieu y pénètre. Dans tous les cas nous sommes perdants. Donc, pour recevoir Sa grâce, nous devons fournir un certain effort.

Quel type de personnes sont de bons pujaris ?

Dans le temple Brahmasthanam, un pujari accomplit le culte. Il doit être plein de dévotion et avoir le désir ardent de réaliser le Soi. Il ne doit pas vivre uniquement pour sa famille, mais pour le bien-être du monde et la prospérité de la famille terrestre. C'est alors seulement qu'il pourra accroître le pouvoir divin de l'image consacrée dans le temple. Le temple doit être vivant, animé de pouvoir spirituel, s'il est destiné à être vraiment bénéfique pour ceux qui s'y rendent. Si le prêtre est un réel sadhak, le temple sera rempli de bonnes vibrations. Si le pujari n'est pas un véritable amant de Dieu, la fleur donnée en prasad dans ce temple ne sera pas différente d'une fleur achetée chez un fleuriste au coin de la rue. Ce n'est que si le pujari accomplit l'Archana avec dévotion et concentration que l'on peut vraiment appeler cela un culte. Un tel culte aura du pouvoir. L'endroit où tombent les fleurs offertes pour le culte, et aussi l'atmosphère alentour, vibreront d'énergie spirituelle. Ceux qui viennent en recevront le bénéfice correspondant. Souvenez-vous de cela, non seulement les pujaris mais aussi les dévots doivent accomplir leur sadhana avec une dévotion et une attention extrêmes.

Qui doit consacrer l'image sacrée ?

La personne qui consacre l'image sacrée doit être un tapasvi. Dans l'ancien temps, les images étaient consacrées par des Mahatmas. De même qu'un Mahatma infuse le mantra du disciple de pouvoir spirituel au moment de l'initiation, quand une image sacrée est consacrée dans un temple, le Mahatma doit infuser l'image de chaitanya (pouvoir spirituel vivant). Alors le chaitanya dans l'image pourra croître quand nous la vénérerons. Quand un peu de petit lait est ajouté dans du lait, ce dernier tourne en yaourt. Mais si l'on ajoute simplement du lait dans du lait, rien ne se passe. L'énergie vitale doit être transférée dans l'image par un Mahatma. Elle sera ainsi emplie de shakti et le chaitanya pourra croître régulièrement quand nous accomplirons les poujas.

Purification de l'environnement avant la consécration

Avant la consécration de l'image, l'environnement autour du temple doit être purifié. C'est pour cela qu'Amma rassemble un grand nombre de dévots pour réciter plusieurs fois l'Archana dans les environs du temple avant la consécration. Avant la récitation des archanas, la région est imprégnée de vibrations de toutes sortes. L'environnement doit être purifié par le pouvoir des mantras pour que les vibrations du lieu soient exclusivement celles de la divinité. Quand le pouvoir du mantra atteindra un certain niveau, toutes les énergies négatives du lieu seront annihilées.

Quand les plants de riz sont encore jeunes, on doit arracher les mauvaises herbes qui poussent autour. Cependant, lorsque les plants sont devenus forts et que les grains de riz sont formés, nous n'avons plus à nous soucier des mauvaises herbes. À ce stade, elles ne pourront plus nuire au riz. De même, avant de procéder à la consécration, il est nécessaire d'éliminer la pollution atmosphérique subtile par le pouvoir des mantras, et d'accroître l'énergie divine du lieu. Quand la shakti atteint un certain niveau d'intensité, les vibrations impures du monde ne peuvent plus affecter le temple. C'est pour cela qu'Amma réunit un grand nombre de dévots pour réciter l'Archana dans le temple avant la consécration de la statue. De plus, les fleurs offertes pendant l'Archana sont enfouies dans le sanctum sanctorum, directement sous le pratishta. L'image est alors enracinée dans une terre chargée du pouvoir des mantras.

La culture des temples et la charité

Certains demandent : « Pourquoi doit-on donner de l'argent aux temples ? Dieu a-t-il besoin d'argent ? Mes enfants, quand le mental est attaché à quelque chose et que nous offrons cette chose à Dieu, cela équivaut à offrir notre mental à Dieu. De nos jours, le mental de la plupart des gens est attaché à l'argent. Donc quand ils offrent leur argent à Dieu, c'est une façon de Lui offrir leur mental. C'est le principe qui sous-tend le fait de donner de l'argent en offrande. Dans le monde d'aujourd'hui, l'avidité a atteint un tel degré que beaucoup d'hommes se marient sans accorder la moindre importance à la relation qu'ils ont avec leur future épouse. Leur seul souci est la valeur de la dote. Ils aiment plus l'argent que la personne. Quand une mère de famille est sur son lit de mort, ses fils et ses filles ne prient pas pour qu'elle se rétablisse, mais ils comptent plutôt les cocotiers sur le terrain dont ils vont hériter en partage. Si l'un des fils voit que sa part est inférieure à celle des autres, il lui viendra peut-être même à l'idée de tuer sa mère. Tel est le monde, aujourd'hui. Cette extraordinaire avidité pour l'argent conduit les hommes à faire toutes sortes de choses mauvaises. C'est pour cela, pour purifier le mental de son attachement à l'argent, que nous devons offrir notre fortune à Dieu. Si nous offrons à Dieu notre mental pollué, Il le purifiera puis nous le rendra. Alors la lumière de la paix commencera à briller dans notre vie. Dieu n'a aucun besoin d'argent. Dire que Dieu a besoin d'argent revient à dire que le soleil a besoin d'une bougie pour éclairer son chemin.

Un autre avantage de donner de l'argent au temple est que cet argent permet au temple d'entreprendre de nombreuses activités caritatives et bénéfiques. Les dons peuvent être utilisés pour publier des livres spirituels ou pour monter des spectacles qui contribueront à développer la dévotion et la culture. Ainsi, l'argent que nous donnons aidera à élever le niveau de la société. En même temps, le mental de celui qui donne de l'argent deviendra plus vaste.

Les rationalistes demandent : « Quand les pauvres meurent de faim, pourquoi offrir du pouding sucré à la divinité d'un temple ? »

Mes enfants, après avoir offert le pouding, qui finalement le mange ? Les gens, n'est-ce pas ? Offrir quelque chose à Dieu avec dévotion élève notre mental. Manger la nourriture offerte à Dieu, qui est remplie des vibrations des mantras divins, purifie notre corps et notre mental. Les offrandes faites au temple le sont pour notre bénéfice, pas celui de Dieu. Que peut-on offrir à Dieu, qui est omniscient, omnipotent ?

Cette idée, que nous offrons quelque chose à Dieu pour Son profit, doit être rejetée. Nous devrions sentir au contraire que Dieu est notre protecteur. Alors nous pourrons progresser. Nous ne protégeons pas Dieu ; au contraire, c'est Lui qui nous protège.

Le tapas et la sadhana de ceux qui n'ont pas le sens du dharma (la loi juste, en accord avec la Vérité Divine) est comme du lait

versé dans un récipient sale. Très vite, le lait tourne. Même si Dieu déverse sur nous Sa Grâce, nous ne pourrons pas la recevoir si notre mental est saturé d'égoïsme. Toutefois, la prière et la charité peuvent élever une personne jusqu'à l'état suprême. Ce n'est qu'en éprouvant de la compassion pour ceux qui souffrent que nous nous rendons dignes de recevoir la Grâce de Dieu. Aujourd'hui, si les gens voient un mendiant sur le chemin qui mène au temple, ils n'hésitent pas à le bousculer en disant : « Écarte-toi de mon chemin, toi ! » Mes enfants, si au lieu de cette attitude nous faisons preuve de bonté envers le mendiant, c'est cela la véritable bhakti. La compassion envers les pauvres est notre devoir envers Dieu. Nous devons considérer chacun comme une forme du Divin. C'est cela, la vraie dévotion, la vraie sagesse. Seuls ceux qui pensent ainsi pourront développer un mental pur. Sans cela, nous n'atteindrons jamais l'état ultime.

Quelques-uns objectent : « Pourquoi dépenser de l'argent pour mettre des guirlandes de fleurs sur la divinité ? N'est-ce pas simple folie ? » Mes enfants, de nombreuses familles gagnent leur vie avec les fleurs et les guirlandes que les dévots achètent pour les offrir au temple. Celui qui cultive les fleurs gagne de l'argent en les vendant, celui qui confectionne les guirlandes reçoit lui aussi de l'argent. Quand les autres s'aperçoivent que les fleurs sont une source viable de revenus, ils commencent également à en cultiver. Cela contribue au soin et à la préservation de la Nature. De plus, celui qui achète une guirlande et l'offre au temple éprouve de la satisfaction et sa dévotion envers Dieu en est peut-être accrue.

En cultivant des plantes qui fleurissent

dans le kavu (culture d'arbres, de buissons et de grimpants adjacente au temple), et en utilisant les fleurs pour les poujas, nous aidons ces plantes à survivre et à fleurir. Beaucoup de temples ont une sorte de kavu. Quelquefois il y a un étang, où les reptiles et les oiseaux viennent vivre. La protection de ces endroits est bénéfique à la Nature entière. Dans le passé, redoutant la colère de Dieu, les gens craignaient même de toucher une plante, de peur de lui faire mal. Aujourd'hui, par contre, ceux qui ont étudié les sciences et devraient être conscients de la nécessité de protéger la Nature, n'hésitent pas à décimer des forêts entières. Ils sont mûs par l'égoïsme. Autrefois, la foi dans les temples et dans les pratiques religieuses empêchaient ce genre d'égoïsme de s'enraciner dans les cœurs. En fait, toutes les pratiques liées au culte dans les temples ont une connexion avec la Nature.

Si nous les analysons avec soin, nous verrons que par ces pratiques, la Nature est protégée.

Dieu est l'incarnation de la compassion et Il nous procure ce dont nous avons besoin. Il a créé tous les objets animés et inanimés. Il a donné la pluie et le beau temps dans des proportions parfaites. Les plantes qu'Il a créées nous fournissent la nourriture nécessaire. Elles se sacrifient sans cesse pour nous. Mais que donnons-nous en échange ? L'air pollué de notre égoïsme. Un être égoïste pollue la Nature par les vibrations nocives de sa colère, de son envie, de sa jalousie. En plus, il n'hésite pas à couper les arbres et les plantes, et à tuer les animaux. D'une façon générale, la Nature ne reçoit de l'homme que des blessures. Les environs d'un temple, par contre, aident à nettoyer la pollution de l'atmosphère. Les vibrations qui émanent du temple, créées par les prières, le japa et la méditation, contribuent à purifier la Nature. La fumée qui s'élève des lampes à huile sacrées et des homadundam (les feux sacrificiels) purifie l'environnement et aide à atténuer la pollution de la Nature.

Si nous examinons le rôle du temple dans notre société, nous verrons que, comme une panacée guérissant tous les maux, le temple est une panacée divine qui peut guérir toutes les maladies de notre société.

Un indice sur le chemin

Certains demandent : « À quoi sert d'adorer la divinité dans un temple ? Ne vaut-il pas mieux adorer le sculpteur qui a créé l'image ? » Mes enfants, quand nous voyons un portrait de notre père, est-ce que nous pensons à l'artiste ou à notre père ? Nous nous souvenons de notre père. De la même façon, les images sacrées nous aident à nous souvenir de Dieu. Quand nous voyons une pomme en cire, ne nous rappelle-t-elle pas une vraie pomme ? En montrant l'image d'un perroquet et d'un pigeon à des petits enfants, nous disons : « C'est un perroquet ; c'est un pigeon. » Quand ils grandiront, ils comprendront sans image. De même, les temples et les images sacrées sont utiles pour nous aider à comprendre et à grandir vers notre véritable identité, vers l'Atman. Quand nous serons devenus conscients de notre véritable Soi divin, nous n'aurons plus besoin d'adorer dans les temples.

Mes enfants, la Réalisation de Dieu doit être notre but. Le temple est une aide pour y parvenir. Pour un tapasvi véritable, les temples ne sont plus nécessaires. Mais pour des gens ordinaires comme nous, le temple est un palier essentiel pour notre ascension.

Le mental de la plupart des gens a besoin des temples pour s'élever.

Dans les temps anciens, les temples n'étaient pas nécessaires. Le temple était alors à l'intérieur du cœur, et les forêts étaient dehors. Aujourd'hui, les forêts des pensées et des désirs destructeurs ont envahi le mental, et les temples ont été édifiés à l'extérieur. Mes enfants, Dieu demeure dans notre cœur. Il faut L'adorer là avec un amour innocent. Le bienheureux Seigneur est vraiment notre propre Soi ; et Il est également présent en toutes choses. Il faut parvenir à Le voir partout. Nous devons voir dans tous les objets animés et inanimés des formes de Dieu, et les servir avec amour.

Le culte et les pratiques liées aux temples ont survécu pendant d'innombrables générations. Personne ne peut les rejeter comme cela, un beau matin. En fait, le culte pratiqué

dans les temples de façon correcte est de plus
en plus appropriéeà la société d'aujourd'hui.
Les temples servent à entretenir une culture
spirituelle chez les gens et à les mener sur le
bon chemin. Ils sont une partie intégrante
de notre vie. Il est aussi futile de s'efforcer de
supprimer les temples de notre société que de
vouloir assécher l'océan.

*Des aigles viennent invariablement
tournoyer dans le ciel au-dessus du
temple durant le Pranapratishta
Muhurta de chaque consécration de
temple Brahmasthanam. Amma dit
un jour que les aigles sont des devas
(dieux) et que leur venue est un signe
de bon augure.*

« *Votre cœur est le véritable temple. C'est là que vous devez établir Dieu. Les bonnes pensées sont les fleurs qui Lui sont offertes. Les bonnes actions sont le culte. Les bonnes paroles sont les hymnes. L'amour est l'offrande divine.* »

— *Amma*

Récits

ananyāś cintayanto māṁ
ye janāḥ paryupāsate
teṣāṁ nityābhiyuktānāṁ
yoga-kṣemaṁ vahāmyaham

*« À ceux qui M'adorent faisant de Moi
seul l'objet total de leur pensée, à ceux
constamment en Yoga (union) avec Moi,
J'apporte spontanément tout bien. »*

— *Bhagavat Gita (IX.22)*

Toute existence incarnée implique l'expérience du prarabdha. C'est une loi de la Nature, et également l'un des principes de base de la science spirituelle. Pour enseigner cette vérité au monde, les incarnations divines elles-mêmes subissent le prarabdha.

Pourtant, il est possible de minimiser considérablement notre souffrance en nous en remettant sincèrement à Dieu. Le Seigneur immanent ne peut faire la sourde oreille aux prières intenses formulées le cœur ouvert. Innombrables sont les exemples de ceux qui, en récitant fidèlement le mantra donné par Amma et en observant les austérités qu'Amma leur avait conseillées, ont vu leur souffrance diminuer et ont évité les calamités prédites dans leur horoscope. Nous racontons ici quelques-unes de ces expériences.

Sarasamma

Sarasamma vivait avec son mari et ses enfants à Karunagappally, une petite ville au sud d'Amrita- puri. Ils menaient une vie de famille heureuse et comblée lorsque, par un tournant soudain et funeste des circonstances, ils perdirent leurs économies, leurs biens et même la maison dans laquelle ils habitaient. Ils furent forcés de compter sur la générosité des voisins pour subvenir à leurs besoins quotidiens.

C'est à ce moment-là qu'ils entendirent parler de la Sainte Mère. Après avoir pris refuge à Ses pieds, ils virent progressivement se résoudre l'un après l'autre tous les problèmes qu'ils avaient affrontés. La foi de Sarasamma en la Sainte Mère devint alors inébranlable.

En différentes occasions, Amma les prévint des accidents destinés à se produire dans leur foyer, et leur conseilla de réciter un mantra particulier et d'observer un vœu de silence et de jeûne un jour donné. Chaque fois qu'Amma leur donna un tel avertissement, seul un incident minime se produisit. Et chaque fois, Sarasamma fut certaine que la Grâce d'Amma avait évité une calamité plus grande.

Un jour où Sarasamma était venue à

l'Ashram, Amma lui dit : « Ma fille, Amma voit une mort survenir dans ton foyer. Ne mets pas fin à ton vœu. Prie Dieu sincèrement. Ne t'inquiète pas ; Amma est toujours avec toi. » Bien que Sarasamma fût un peu alarmée par les paroles d'Amma, sa foi demeura ferme.

Deux jours plus tard, la fille aînée de Sarasamma fut mordue par un serpent venimeux. Sarasamma conduisit immédiatement sa fille à l'Ashram d'Amma. Le temps qu'elles arrivent, le corps de la jeune fille était devenu complètement bleu et une mousse épaisse lui sortait de la bouche. Elle semblait frôler la mort.

Les dévots tentèrent de consoler Sarasamma, assise en larmes auprès de sa fille. Amma donnait Son darshan de Dévi Bhava, et Elle fit dire à la jeune fille qu'elle devait passer la nuit à l'Ashram. Des dévots la portèrent jusque dans une chambre et l'installèrent sur un matelas. Sarasamma passa la nuit entière à son côté.

Le lendemain matin, rien n'avait changé. La jeune fille paraissait à peine vivante. Entourée d'un groupe de dévots, Sarasamma s'évanouissait presque d'anxiété, mais pourtant sa foi ferme en la protection d'Amma lui permettait de réunir quelques forces intérieures et de garder espoir.

Soudain, un énorme cobra se glissa dans l'entrée de la chambre et s'avança droit vers la fille de Sarasamma. Les dévots prirent peur et crièrent : « Un serpent ! Un serpent ! » En les entendant, la jeune fille ouvrit les yeux, et quand elle aperçut le serpent la tête levée, son corps sursauta terriblement, et elle s'assit. Le serpent fit alors demi-tour et s'enfuit hors du bâtiment. À la surprise générale, en quelques minutes, tous les symptômes de morsure de serpent disparurent du corps de la jeune fille. Elle était complètement guérie. Un instant plus tard, Amma entra dans la chambre, demandant comment elle allait. Débordantes de gratitude et de dévotion, Sarasamma et sa fille se prosternèrent toutes deux aux pieds de la Sainte Mère.

Plus tard, à cause de l'insistance de sa famille, Sarasamma alla consulter un astrologue célèbre. Sans mentionner que la personne en question était sa fille, elle lui donna les détails du moment et du lieu de sa naissance, et lui demanda de prédire l'avenir de cette personne. Après des calculs astrologiques détaillés, l'astrologue dit avec une grande conviction : « Cette jeune fille est morte récemment par empoisonnement. » Ce à quoi Sarasamma répondit : « Non. C'est l'horoscope de ma fille et elle est encore en vie. » L'astrologue, ayant une foi solide en sa science et en ses compétences, ne pouvait croire les paroles de Sarasamma. Il réfléchit un moment, reprit ses calculs, et déclara : « Il est certain qu'elle était destinée à mourir d'une morsure de serpent il y a quelque temps. Si elle est encore en vie, c'est un miracle et une rare bénédiction de Dieu. »

Sarasamma trouva plus tard le thème astrologique de sa fille, dressé dans son enfance, dans lequel il était prédit qu'elle mourrait par empoisonnement à l'âge de 19 ans. C'était précisément son âge quand elle fut mordue par le serpent. Sarasamma dit : « Seule la compassion sans borne d'Amma pouvait la sauver. La Sainte Mère est notre seule protection. »

Notons que l'adhérence très stricte de Sarasamma aux austérités prescrites par Amma lui permit de devenir le réceptacle à même de recevoir le sankalpa qu'Amma avait fait pour protéger sa famille. Pour recevoir ainsi la bénédiction de Dieu, nous devons devenir des récipients dignes de Sa Grâce.

Vaincre la mort

L'histoire qui suit nous rappelle l'ancienne légende de Satyavan et Savitri, dans laquelle les austérités d'une femme sauvent son mari des serres de la mort. Un jour, une dévote du village de Thazhava vint à l'Ashram et confia à Amma qu'elle vivait dans la peur constante de perdre son mari. Le thème astrologique que son mari avait reçu était incomplet, s'arrêtant à mi-chemin de la durée prévue de sa vie, au cours d'une période très néfaste. De plus, le thème astral de la femme prédisait qu'elle était destinée à éprouver une grande souffrance en rapport avec son mari durant la même période. Quelle perspective peut être plus angoissant pour une femme aimante ?

Amma donna un mantra à la femme et lui dit d'observer un vœu d'austérité une fois par semaine. Elle lui conseilla également d'acheter une vache et d'en prendre soin. La femme obéit fidèlement aux instructions d'Amma.

Un jour lorsqu'elle vint au darshan, Amma lui dit : « Ma fille, ne rompt pas ton vœu. Il se peut qu'une mort survienne au moment indiqué par la coupure dans le thème de ton mari. Prie avec ferveur et prend refuge en Dieu. »

Ayant à cœur les paroles d'Amma, cette femme augmenta la durée de sa sadhana quotidienne, et l'intensité de ses prières s'accrût graduellement. Aucun jour ne passait sans qu'elle verse des larmes devant la photo d'Amma. Un jour, quand elle sortit pour aller détacher la vache, elle fut frappée de stupeur en la trouvant morte, couchée sur le sol. Elle lui avait donné de l'eau quelques instants auparavant, et la vache semblait alors en parfaite santé. Ayant grande confiance dans les paroles d'Amma, la femme sentit très fortement que la mort de son mari avait été transférée sur la vache.

Ce soir-là, quand son mari rentra à la maison, elle remarqua une égratignure sur sa jambe, et lui demanda ce qui était arrivé. Il répondit : « Tandis que je marchais dans la rue, un cycliste arriva par derrière et me renversa. En tombant, je m'égratignais la jambe et me cognais la main. » La femme sentit clairement que, par la Grâce d'Amma, ce qui aurait dû être un accident fatal avait été réduit à une égratignure et quelques contusions. La vie de son mari avait été sauvée.

Cet exemple ne démontre-t-il pas que la mort peut être vaincue par une ferme dévotion à Dieu et une stricte adhérence aux austérités ?

Sri Kuttappan Nair

Sri Kuttappan Nair était natif de Cheppad et dévot d'Amma depuis de nombreuses années. Un jour où il vint à l'Ashram pour le darshan, Amma lui dit : « Mon fils, c'est une très mauvaise période pour toi. Un accident pourrait survenir dans un proche avenir. Amma va te donner un mantra spécial. Répète ce mantra et chaque samedi à partir d'aujourd'hui, fait un vœu de silence. Si tu tardes à commencer ton vœu, un malheur se produira dans ta maison. »

Selon son thème astral, il traversait la fin d'une période appelée kandaka shani, un temps pendant lequel l'individu doit affronter de nombreuses épreuves douloureuses. Malheureusement, il ne se mit pas à observer son vœu ce samedi même, et ce jour-là un chiot mourut dans la maison. Le samedi suivant, il fut également incapable de suivre son vœu, et un veau, l'animal familier favori de la maison, mourut subitement. Ayant compris la justesse de la prédiction d'Amma, il s'assura le samedi suivant de pouvoir respecter son vœu de silence, et il n'y eut plus de mort dans sa maison.

Un samedi pourtant, Sri Nair rompit par inadvertance son vœu et eut peu après un accident. Alors qu'il se servait d'un couteau pour cueillir un fruit de jacquier, le couteau rebondit sur le tronc de l'arbre et vint le frapper en plein front. Si la trajectoire avait un peu dévié sur le côté, il aurait perdu un œil. Réalisant l'importance d'observer strictement son vœu, il s'y attacha depuis ce jour-là avec un dévouement accru.

Après la fin de cette période néfaste

indiquée par son thème, il demanda à Amma : « Dois-je continuer mon vœu ? Les mauvais karmas ne sont-ils pas tous résolus ? »

Amma répondit : « Mon fils, imagine qu'on ait fait brûlé un bâton d'encens au bois de santal dans une pièce. Le parfum de l'encens embaume encore longtemps après que l'encens ait été réduit en cendres. De la même façon, les effets d'une période kandaka shani peuvent subsister encore quelques temps. Ne romps pas ton vœu, en pensant que les mauvais moments sont passés. Continue ton vœu, ce sera bénéfique. »

Sri Nair continue d'observer son vœu à ce jour encore. Bien qu'il ait commencé pour contrer les effets d'une période astrologique néfaste, il l'observe aujourd'hui comme faisant partie de sa pratique spirituelle régulière. C'est le but véritable d'Amma : accroître notre dévotion et notre soumission à Dieu. Son regard est toujours fixé sur le progrès spirituel de Ses enfants.

Kunjamma

Kunjamma habite à Kayamkulam, à environ douze kilomètres de l'Ashram d'Amma. À peu près deux ans avant que Kunjamma rencontre la Sainte Mère, son mari fut emporté par une mort soudaine. Cet événement avait été prédit dans son thème astrologique et à cause de la justesse de cette prédiction, Kunjamma se mit à croire fermement dans l'astrologie. Très éprouvée par la mort de son mari, elle devint encore plus désespérée quand elle découvrit que le thème astral de son fils prédisait qu'il mourrait à l'âge de vingt-trois ans d'une morsure de serpent. Son propre thème indiquait également qu'elle souffrirait durant cette période à cause de son fils. Kunjamma ignorait que faire, ne sachant comment sauver son fils du destin cruel qui lui avait été prédit. Finalement, elle vint voir la Sainte Mère et prendre refuge à Ses pieds. Amma la consola en disant : « N'aie crainte, ma fille. Amma va te donner un mantra à réciter chaque jour. Une fois par semaine, observe un vœu de silence pour le bénéfice de ton fils. Les vœux accomplis par les mères pour leurs enfants ont un pouvoir spécial. La mort de ton fils sera transférée sur un animal domestique. Que ton mental soit en paix. »

Kunjamma n'était pas entièrement convaincue par les paroles d'Amma. Elle rêvait souvent que son fils était mordu par un serpent, et vivait dans une crainte constante pour sa vie.

Après la mort de son mari, Kunjamma avait adopté un chien pour garder la maison. Un jour elle l'entendit grogner et aboyer férocement devant l'entrée. Ouvrant la porte, elle vit le chien engagé dans un combat avec un énorme serpent. Effrayée par cette terrible scène, elle referma immédiatement la porte. Quelques minutes plus tard, le bruit cessa lentement. Quand Kunjamma rouvrit finalement la porte, elle trouva le chien et le serpent étendus sur le sol, morts tous deux.

Bien qu'elle ressentit de la tristesse à la mort de son chien, Kunjamma se souvint des paroles d'Amma concernant le transfert de la mort de son fils sur un de ses animaux familiers. Réalisant que la mort du chien survenait au cours de la période exacte durant laquelle la mort de son fils avait été prédite, Kunjamma se prosterna mentalement devant la Sainte Mère, emplie d'amour et de vénération. Le fils de Kunjamma est encore vivant à ce jour et mène une vie heureuse.

Mohanan

Mohanan, natif de Kollam, subissait de nombreuses épreuves dans sa vie, et contracta en conséquence une tension mentale chronique. Il commença à cause de cela à ressentir du mépris pour l' existence. « Il faut que je me débrouille d'une façon ou d'une autre pour mettre fin à cette vie. » Cela devint son unique pensée. Plusieurs fois, il tenta de se suicider, sans pourtant y parvenir.

Selon le thème astral de Mohanan, sa vie devait prendre fin à l'âge de vingt-six ans. De plus, il était indiqué dans les thèmes de sa mère et de son frère qu'il serait une source de chagrin au cours de cette période. Pour contrecarrer cette prédiction de mort prématurée, Amma conseilla à la mère d'entreprendre un vœu d'austérités.

Durant sa vingt-sixième année, Mohanan était employé dans une usine de glace à

Shaktikulangara près de Kollam, à environ trente kilomètres de l'Ashram d'Amma. Un jour, sa tension mentale devint si forte que, lorsque les autres employés eurent quitté la pièce, il attrapa, avec l'intention de mettre fin à ses jours, un fil électrique à haute tension qui était le câble d'alimentation principal de l'usine. Mais au même moment, il y eut une coupure de courant et les machines s'arrêtèrent. L'instant d'après, un dévot d'Amma pénétra dans l'usine, vint vers Mohanan et lui dit : « Amma m'a dit de venir ici pour te trouver. » Mohanan se prosterna devant l'omniscience et la profonde compassion d'Amma.

De nombreuses années se sont écoulées depuis cet incident. Par la suite, Mohanan n'a jamais plus ressenti le désir de mettre fin à ses jours. Sa mère et lui sont fermement convaincus que seule la Grâce d'Amma a permis de prolonger la durée de la vie de Mohanan.

www.ingramcontent.com/pod-product-compliance
Lightning Source LLC
Chambersburg PA
CBHW070623050426
42450CB00011B/3112